ENRICO RENNA

# KRONOS

per ottavino, trombone e pianoforte

(2018)

a Christian Pio
e Massimiliano Nese

# KRONOS

per ottavino, trombone e pianoforte

Enrico Renna

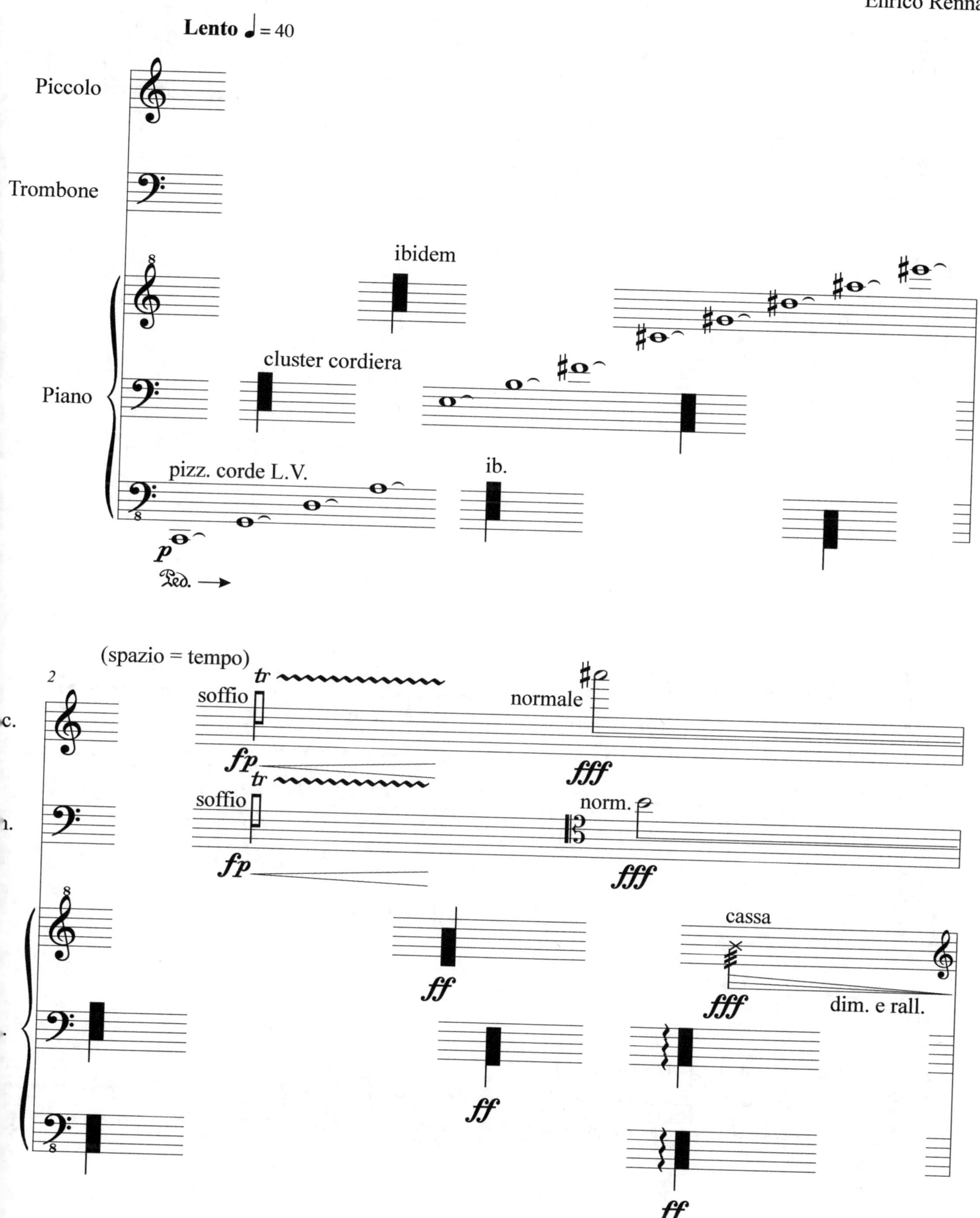

frullato
Picc.
p
ff
frullato
Tbn.
p
percussione fascia
f
corde
cassa
Pno.
p
f
fondo
f
Ped.
osc.
Picc.
f
osc.
fp
fp
fp
fp
Tbn.
fp
f
fp
fp
Pno.
percuotere tasto e smorzare corda
sfz
Ped.

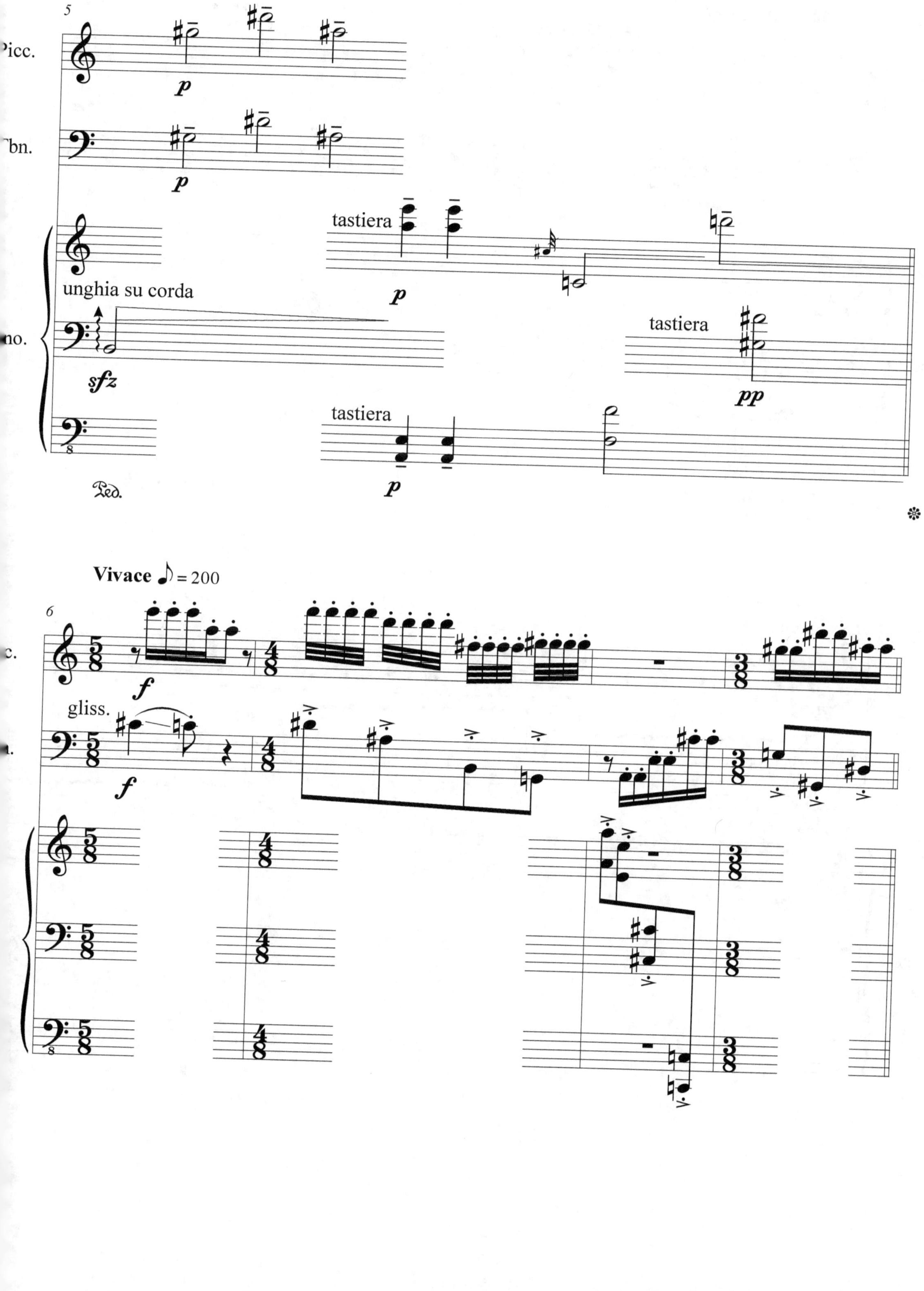

Picc.
bn.
no.
tastiera
unghia su corda
p
p
sfz
tastiera
tastiera
pp
Ped.
p
Vivace ♩ = 200
c.
gliss.
f
f

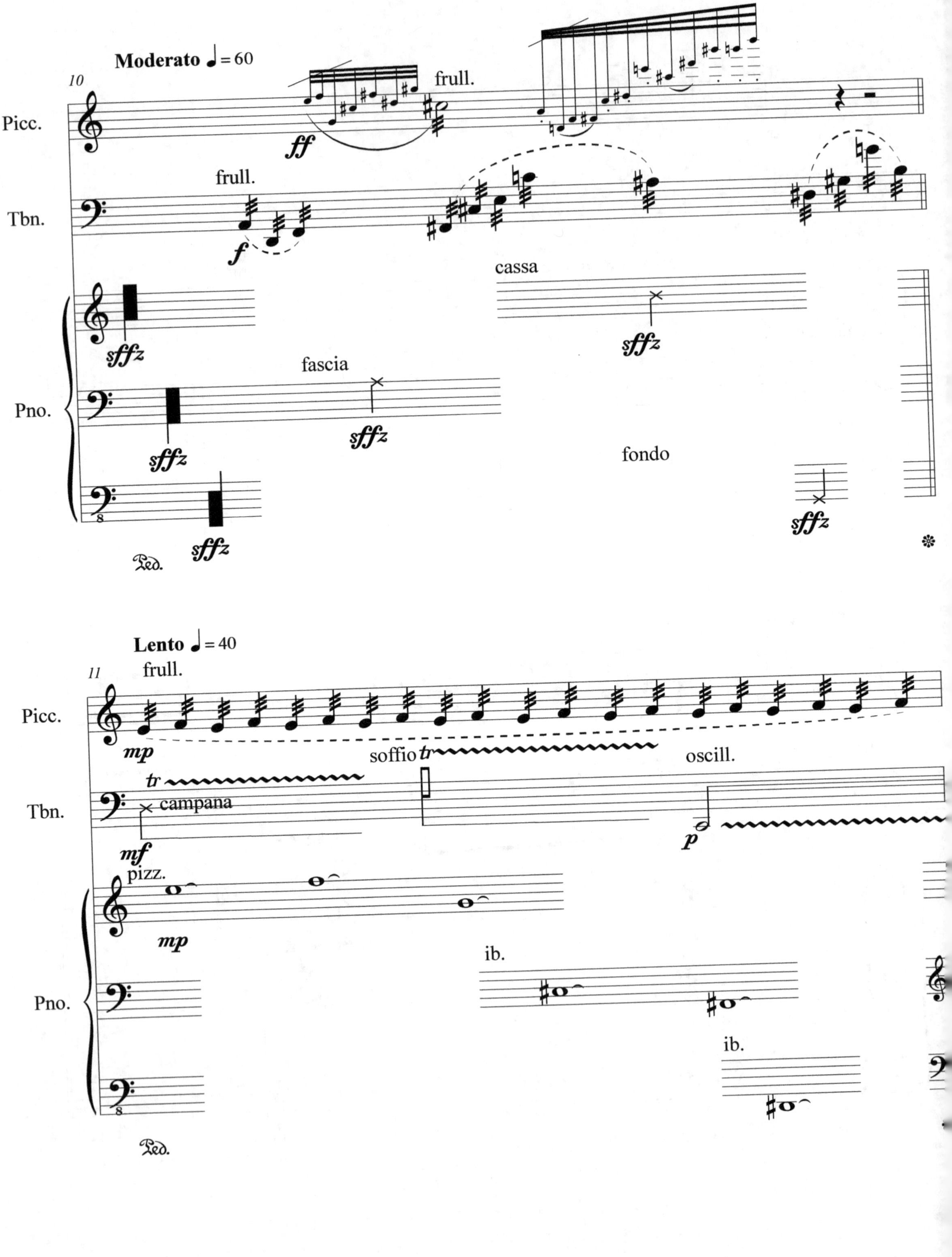

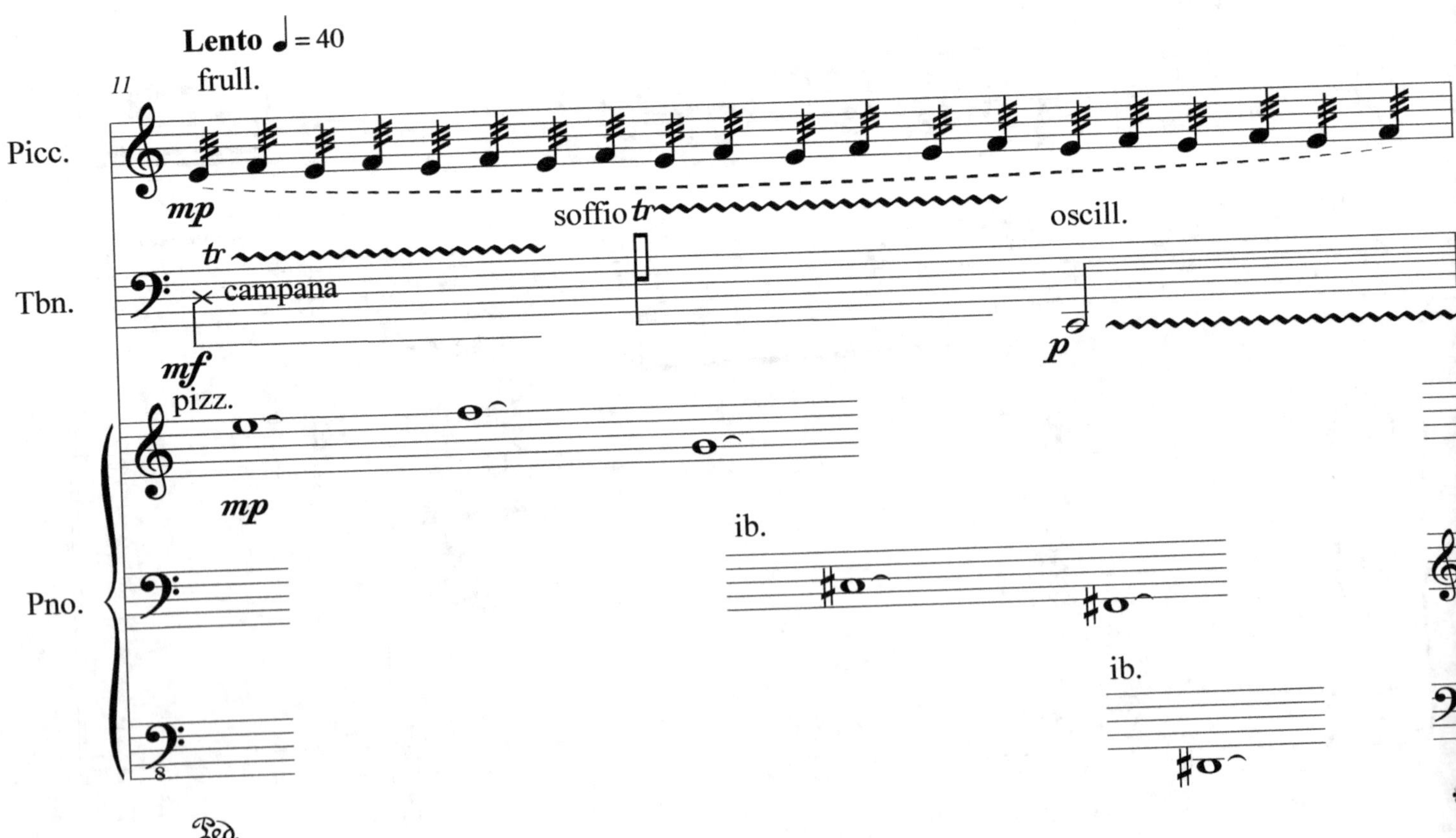
Moderato ♩ = 60
10
Picc.
Tbn.
Pno.
frull.
ff
frull.
f
cassa
sffz
fascia
sffz
fondo
sffz
sffz
sffz
sffz
Ped.

Lento ♩ = 40
11
frull.
Picc.
Tbn.
Pno.
mp
tr
campana
mf
soffio tr
oscill.
p
pizz.
mp
ib.
ib.
Ped.

12
(spazio = tempo)
Picc.
mp
mf
p
Tbn.
mp
mf
p
cordiera
tastiera
no.
tastiera
mp
mf
p
Ped.
Ped.
Ped.
Presto ♩ = 120
13
c.
ff
n.
ff
ff
ff
8va
8va
8va
ff
ff

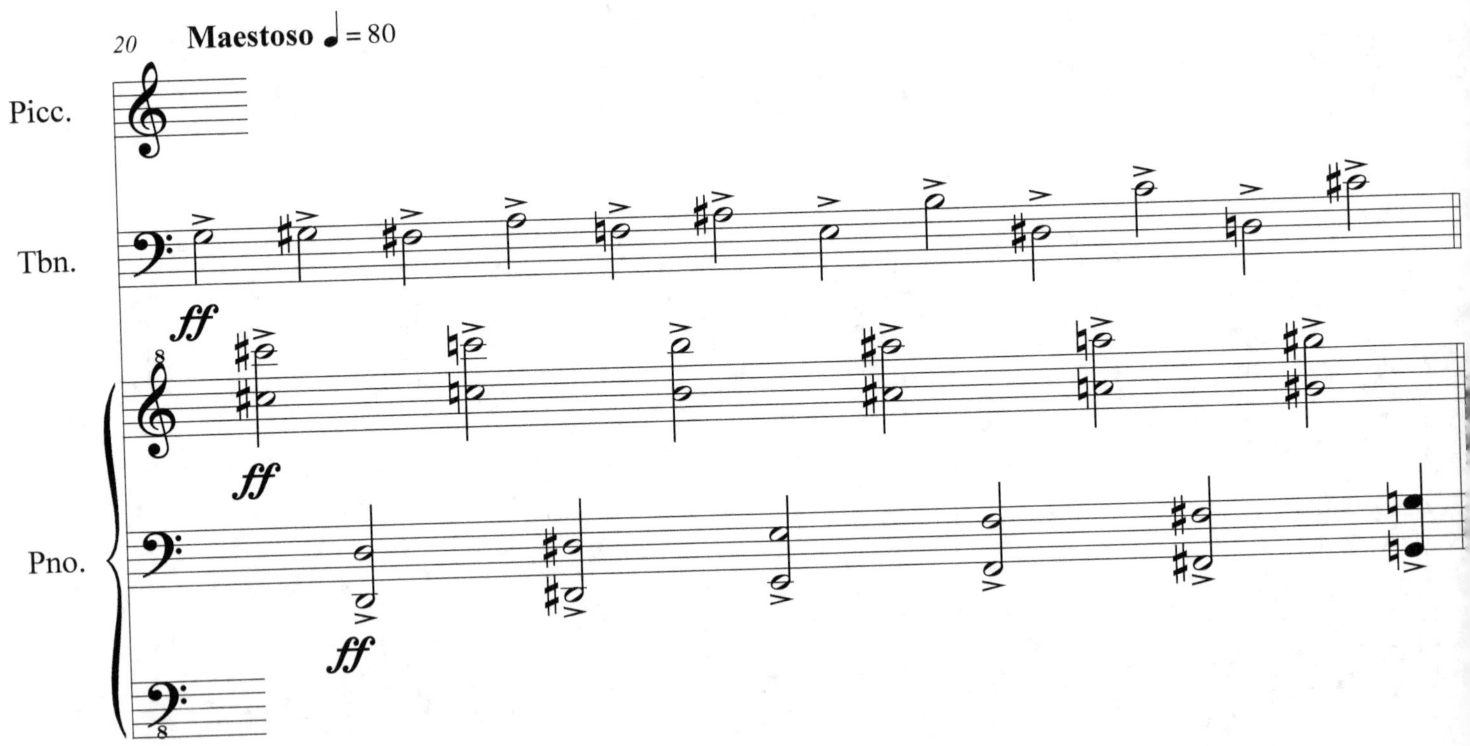

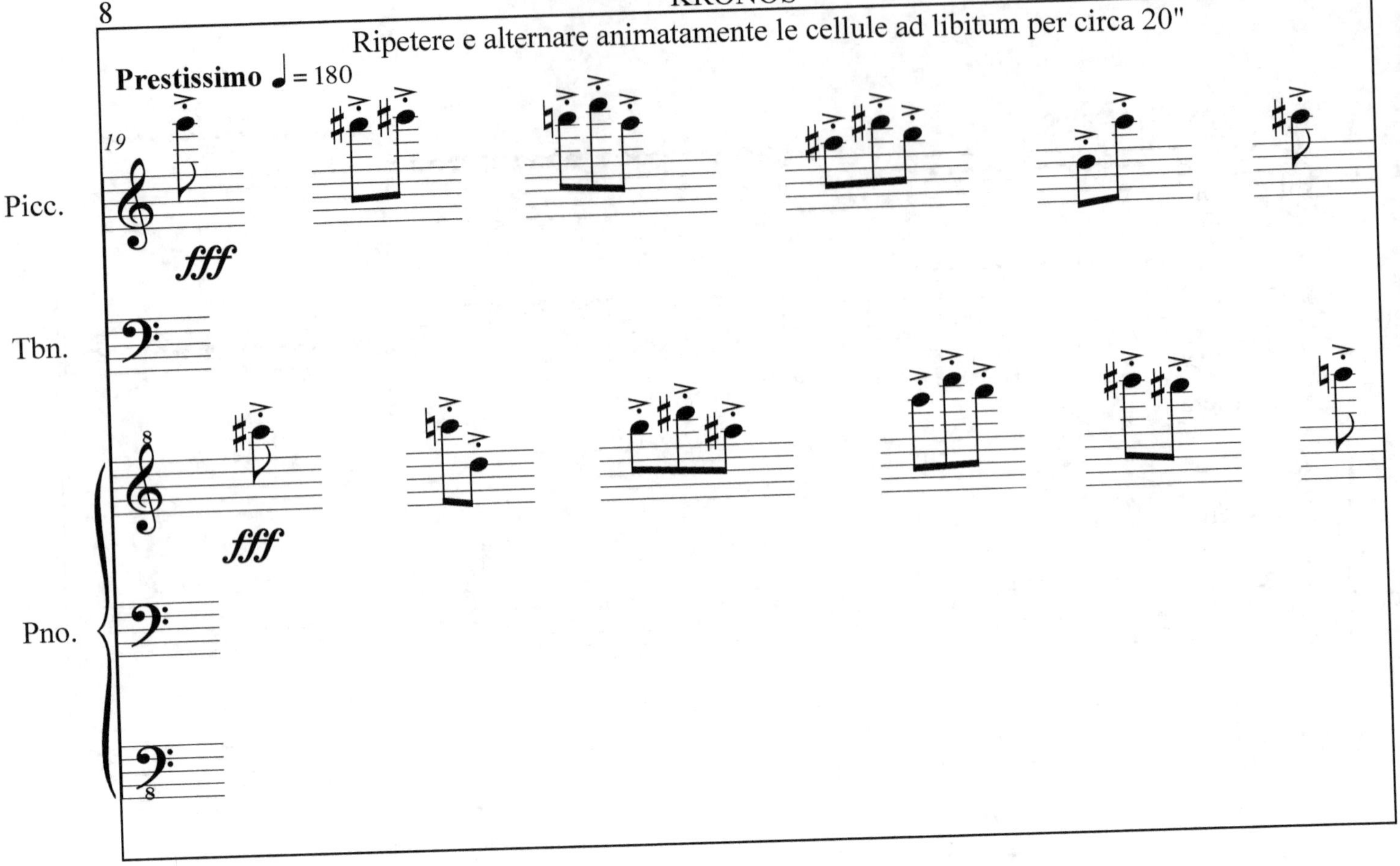
Ripetere e alternare animatamente le cellule ad libitum per circa 20"
Prestissimo ♩ = 180
19
Picc.
fff
Tbn.
8
fff
Pno.
8

20
Maestoso ♩ = 80
Picc.
Tbn.
ff
8
ff
Pno.
ff
8

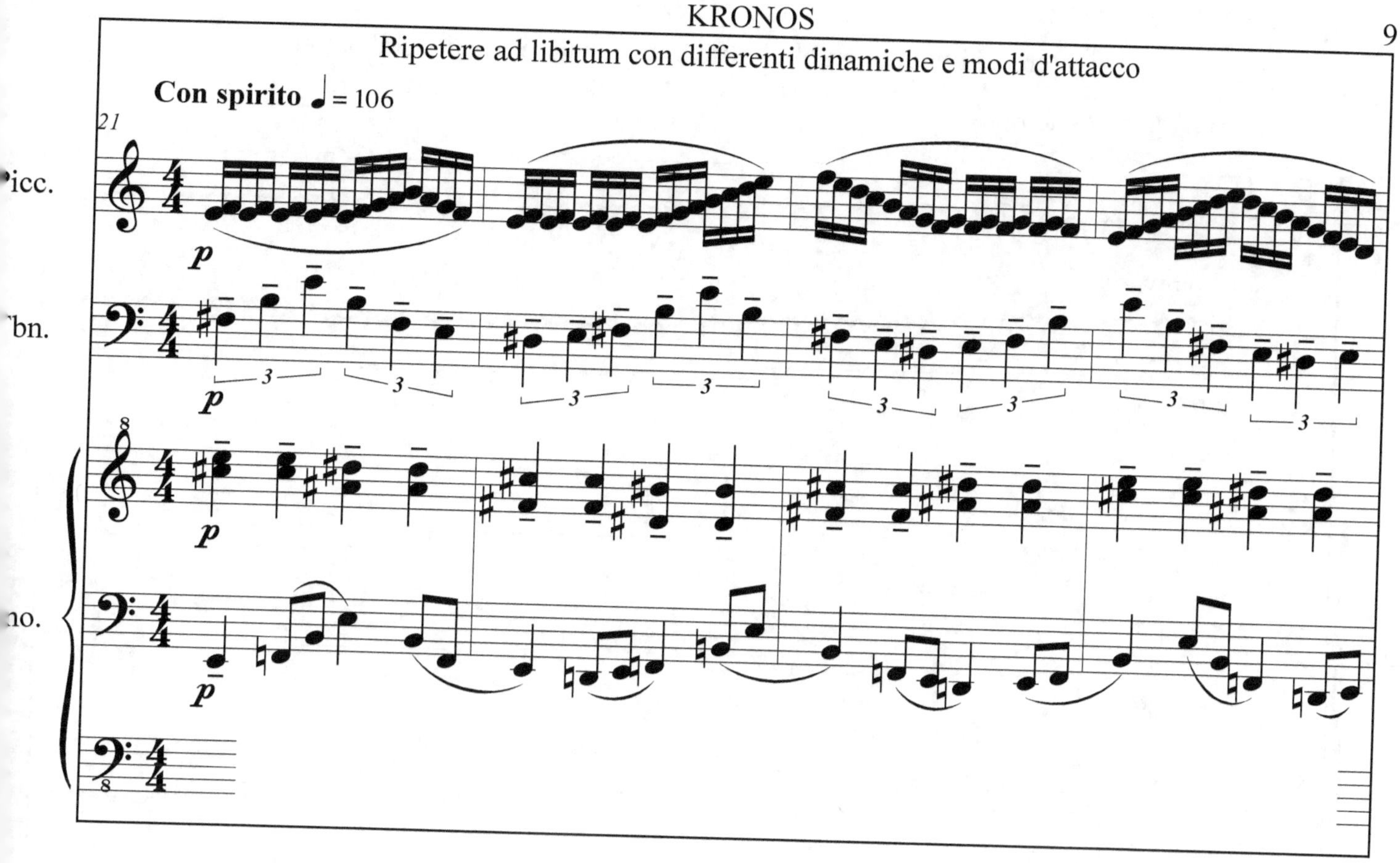
Ripetere ad libitum con differenti dinamiche e modi d'attacco
Con spirito ♩ = 106
21
Picc.
Tbn.
Pno.
p
3
8

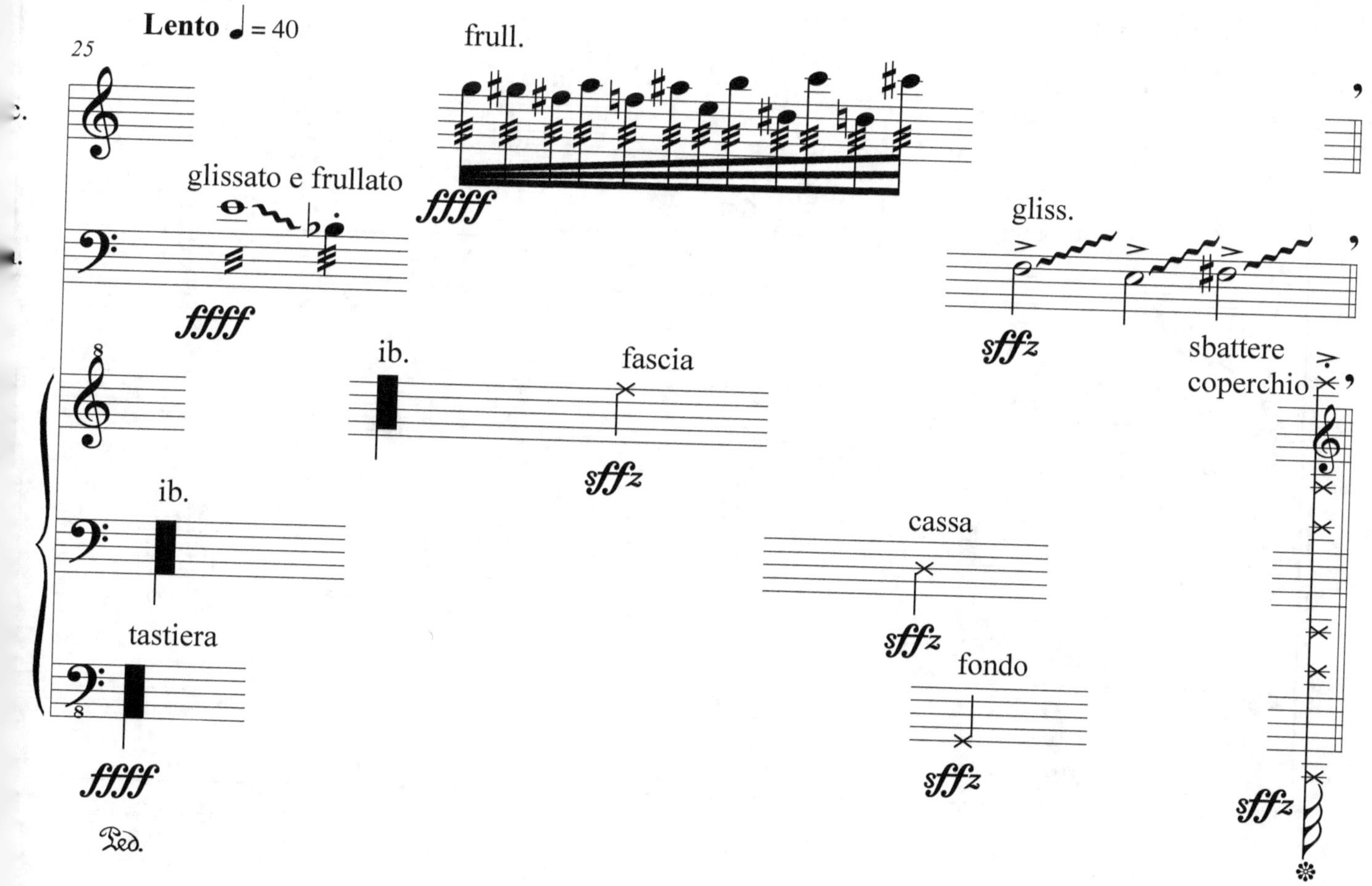
Lento ♩ = 40
25
frull.
glissato e frullato
ffff
gliss.
sffz
ib.
fascia
sbattere
coperchio
tastiera
cassa
fondo
Ped.

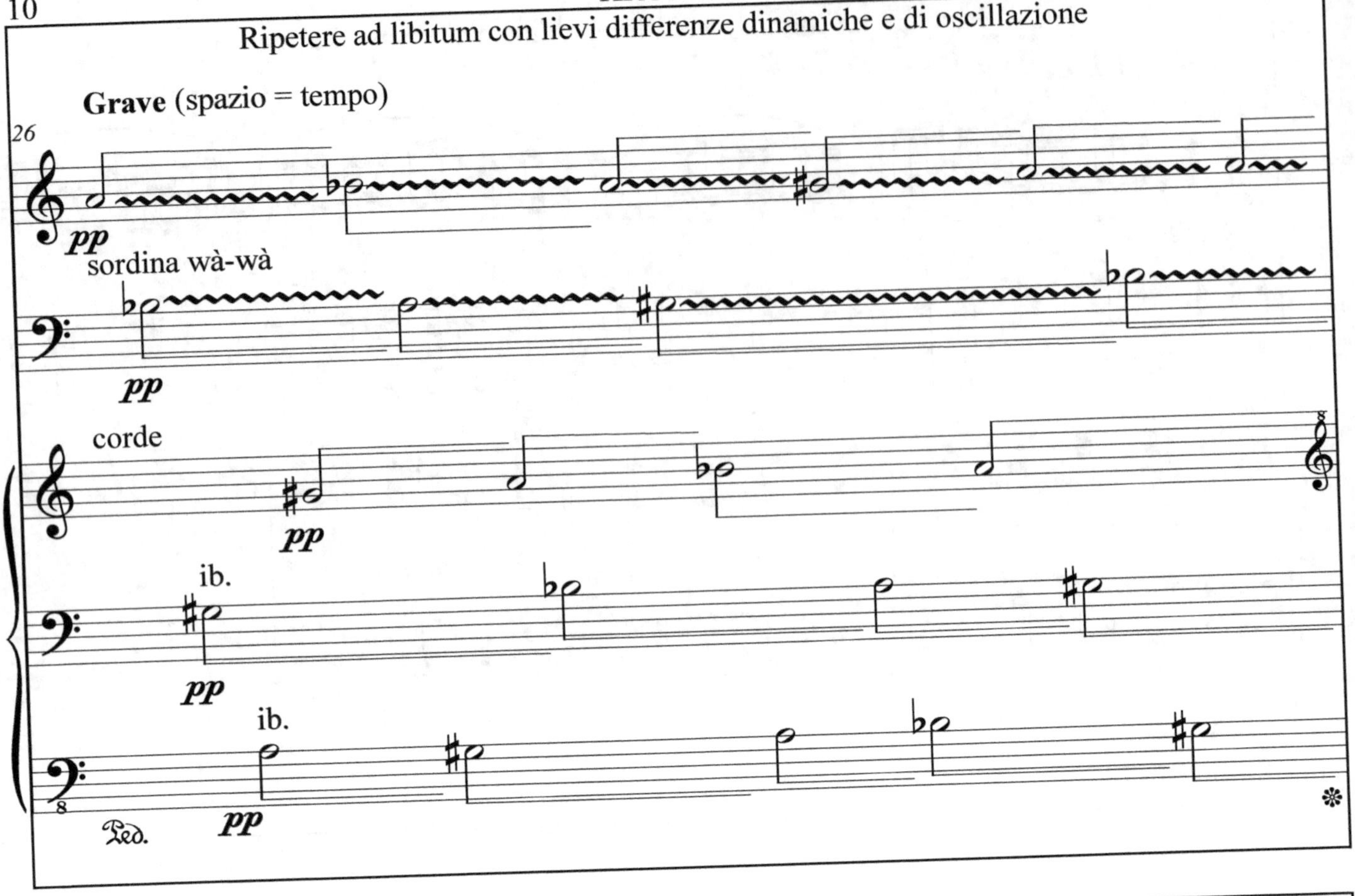

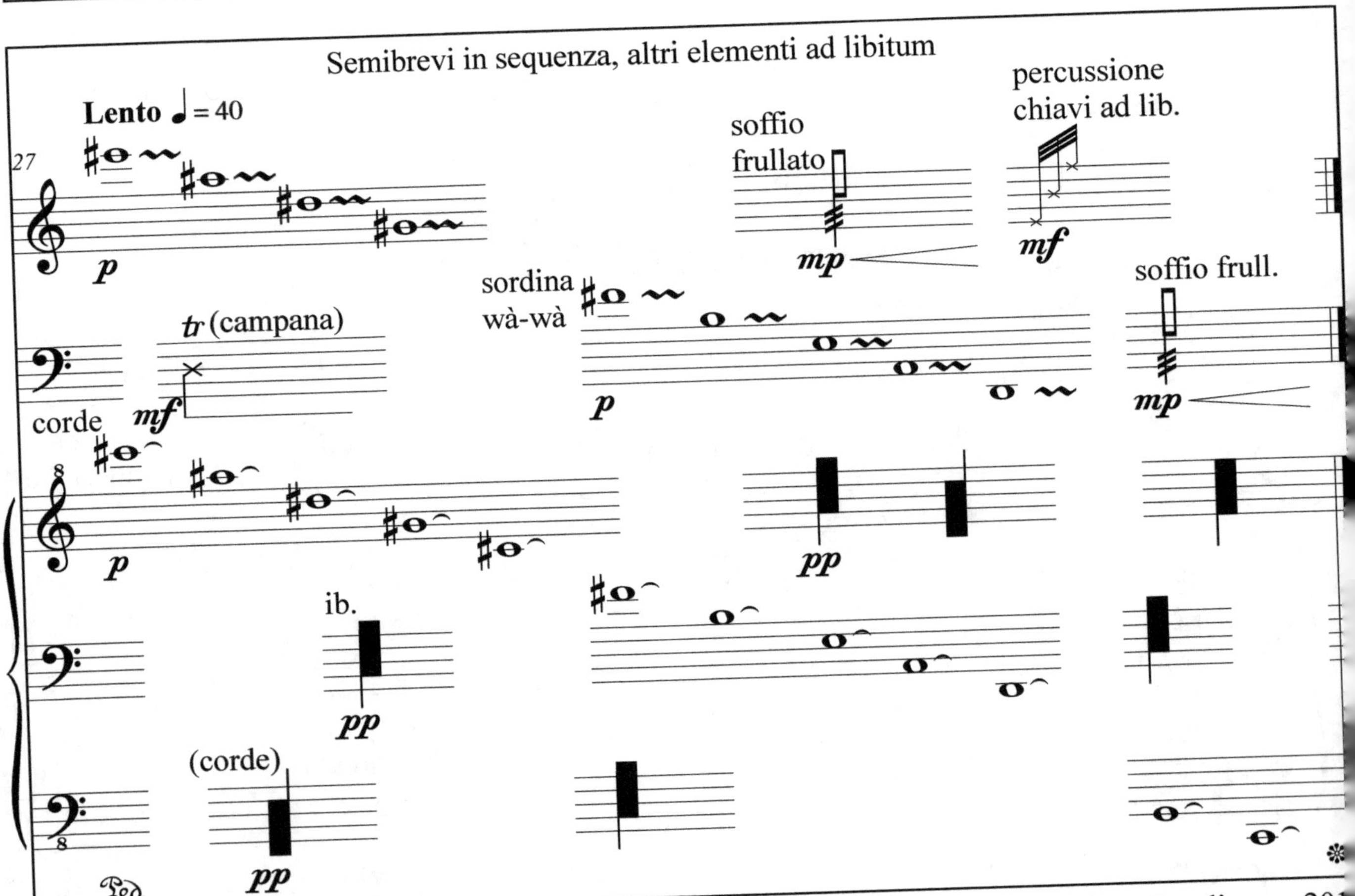

Napoli, nov. 201

durata: 8'

*Titolo* | *KRONOS per ottavino, trombone e pianoforte*
*Autore* | *Enrico Renna*
*ISBN* | *978-88-27861-66-0*



*Youcanprint Self-Publishing*
*Via Marco Biagi 6 - 73100 Lecce*
*www.youcanprint.it*
*info@youcanprint.it*

Finito di stampare nel mese di Dicembre 2018
per conto di Youcanprint *Self-Publishing*